Valeria Shashenok

24. Februar ... und der Himmel war nicht mehr blau

story.one – Life is a story

story.one

1. Auflage 2022
© story.one – the library of life – www.story.one
Eine Marke der Storylution GmbH

Gesetzt aus Minion Pro und Lato.

Editor Englischer Text: David Granger
Aus dem Englischen: Hannes Steiner
Korrektorat: Joe Rabl

© Fotos: Valeria Shashenok
Kontakt: valerisssh@story.one

ISBN: 978-3-903715-22-6

Printed in the European Union.
Klimaneutraler Druck

Das ist kein Film. Das ist das echte Leben.
Oder wie sich das Leben verändern kann.

INHALT

Widmung

Mein Name ist Valeria Shashenok.

Ich bin 20 Jahre alt und komme aus Tschernihiw. Wer es nicht kennt, diese Stadt liegt nördlich von Kiew im Norden der Ukraine nahe an der russischen Grenze.

Ich bin freiberufliche Fotografin und zeige meine Arbeiten auf meinen Social-Media-Accounts auf TikTok und Instagram.

Dann, als Putin im Februar 2022 beschloss, in die Ukraine einzumarschieren, filmte und fotografierte ich und postete es auf TikTok und Instagram. Dann schnappte ich einen TikTok-Trend mit dem Namen

„Things that just make sense in …"

(Dinge, die nur Sinn machen in …) auf. Für mich war es zu diesem Zeitpunkt „Things that just make sense in … a bomb shelter" – denn genau dort lebte ich gerade mit meiner Mutter und meinem Vater: in einem Bombenschutzkeller.

Seit diesem Video haben sich wirklich viele Dinge geändert. Ich filmte und dokumentierte nicht mehr nur die Ereignisse in meiner Stadt, um der Welt zu zeigen, was in der Ukraine geschah, sondern wurde jetzt selbst Teil der Medienberichterstattung. Ich wurde von CNN und der BBC interviewt und hatte plötzlich Millionen von Zuschauern auf meinen eigenen Kanälen.

Meine Geschichten erzählen davon, wie ich in Autos und Zügen aus der ukrainischen Stadt Tschernihiw nach Warschau flüchtete und via Berlin schließlich in Mailand landete. Ich war schon früher nach Italien gereist – ich liebe dieses Land. Es war eines der Bilder auf meiner „Map of Dreams", die ich in meiner Wohnung hatte. Auf dieser gab es Bilder von verschiedenen Dingen … von Italien und auch von Dagobert Duck, wie er in einen Haufen Geld eintaucht.

Aber es waren nicht nur TikTok-Trends und Instagram-Stories von meiner Flucht aus der Ukraine.

Am 30. März 2022 postete ich eine Story über meinen Cousin, der für mich wie ein Bruder gewesen ist. Er wurde von einer russischen Bombe getötet. Es waren drei Bilder und in der Bildunterschrift sagte ich, dass es Putin gewesen war, der meinen

Cousin getötet hatte. Ich möchte, dass jeder davon erfährt, was mir passiert ist. Denn dieser Krieg ist für mich schreckliche Realität geworden.

Ich habe die Geschichte über meinen Cousin um 10 Uhr abends gepostet und sie wurde innerhalb von nur 24 Stunden von vielen Leuten gesehen. Aber soll ich euch was sagen: Es ändert nichts an der Tatsache, dass mein Cousin tot ist, dass er nicht mehr lebt.

Dieses Buch ist aber nicht meinem Cousin gewidmet. Es ist auch nicht meiner Mutter, meinem Vater (die beide immer noch in der Ukraine sind) oder den Menschen in Tschernihiw gewidmet oder allen, die während der Invasion getötet wurden.

Eigentlich möchte ich diese Geschichten dem russischen Volk widmen.

Denn viele in Russland glauben noch immer nicht, dass es ein Krieg ist, sondern eine „special operation". Aber bei einer solchen Spezialoperation würden russische Soldaten nicht dieses Level an Gewalt anwenden, Häuser zerstören, Frauen den Kopf kahl rasieren oder Kinder missbrauchen.

Februar 24

Der 24. Februar war der Tag, an dem der Krieg für mich aus dem Nichts heraus begann.

Meine Mutter kam in mein Zimmer und sagte nur: *Valeria! In Kiew hat eine Bombe eingeschlagen und ein Gebäude zerstört!*

Dazu muss man wissen, ich lebe eigentlich in der modernen Millionenstadt Kiew und war erst wenige Tage zuvor zu meinen Eltern nach Tschernihiw gefahren.

Unsere Wohnung in Tschernihiw ist für mich der beste Ort der Welt, voller schöner Erinnerungen und Emotionen. Ich habe dort alle Höhen und Tiefen meiner Kindheit erlebt. Es ist eine Wohnung mit hohen Räumen und großen Fenstern und ich liebe es, wenn der Holzboden knarrt, wenn ich mein Zimmer betrete.

Ganz besonders mag ich es, wenn ich in die Küche komme und meine Mutter gerade am Kochen ist – dann ist es so richtig gemütlich. Diese Wohnung versetzt mich in meine Kindheit zurück. Ich bin die Jüngste in der Familie und das heißt, ich werde für alle immer das kleine Mädchen bleiben. Die Schule, die ich besuchte, liegt ganz in der Nähe unseres Hauses, und ich hatte auch dort eine wunderschöne Zeit – auch wenn mich alle Lehrer gehasst haben (!).

Es war seltsam, als mich meine Mutter am 24. Februar aufweckte und das Erste, das ich nun wissen wollte, war, welches Gebäude denn bombardiert worden war. Also schaltete ich mein Handy ein, um schnell zu checken, ob meine Freund:innen in unserer Gruppe schon etwas dazu geschrieben hatten. Wir sind alle auf Telegram, dort tauschen wir uns aus und besprechen ALLES.

Alle meinten, der Krieg habe begonnen. Meine Freundin Aksinia hatte an diesem Tag versucht, zu ihrem Freund in die Tschechische Republik zu gelangen. Als sie am Flughafen ankam, war dieser schon geschlossen – auf der Startbahn waren bereits Landminen verstreut. Sie erzählte, dass alle fluchtartig aus dem Flughafen gestürmt seien, weil sie Angst bekamen und in Panik gerieten. Sie war die erste Person, die ich kannte, die den Krieg gesehen und live erlebt hatte. Es ist furchtbar, wenn man Bomben hört. Man hört sie, aber man kann nichts dagegen tun – man ist nur noch ein Spielzeug.

Es war der 24. Februar, als Putin einmarschiert ist. Der Himmel war grau.

Und nur Minuten später begannen die Explosionen in Kiew. Ich habe noch schnell gefrühstückt und bin dann schnell raus, um zu sehen, was auf den Straßen los ist. War ich denn naiv, zu glauben, dass mich Normalität erwarten würde?

Überall gab es schon lange Schlangen, die Leute standen bei Geldautomaten an. Und was machte mein Vater, als der Krieg begann? Er ging raus und kaufte als Erstes Benzin.

Ich habe ukrainische Soldaten so lange gefilmt, bis sie zu mir kamen und mich aufforderten, die Videos und Fotos sofort zu löschen. Ich hatte ohnehin nur mit dem Handy gefilmt, weil ich meine teure Kamera nicht riskieren wollte, die brauchte ich ja für meine Arbeit.

Und trotz allem dachte ich noch immer nicht, dass es Krieg geben würde, dass der Krieg tatsächlich anfangen würde. Alle sprachen darüber, wann er losgehen würde. Ich hatte einen Freund, der schon in den Osten geflohen war, der sagte, dass er eines Tages beginnen würde.

Aber es schien noch so, als ob alle noch immer nur über den Kriegsbeginn reden würden, aber es niemand wirklich glauben konnte – oder wollte.

„

Meine Mutter ist immer für alles zu haben. Ich sagte: Mama, tanz ein bisschen. Und sie tat es einfach, schnappte sich einen gelben Plastik-Werkzeugkoffer und tanzte mit ihm durch den Bunker.

"

„Dinge, die nur in einem Bombenschutzkeller Sinn machen"

Der Krieg hatte nun tatsächlich begonnen.

Am 26. Februar, einem Samstagmorgen, bin ich früh aufgewacht, um ehrlich zu sein, mein Hund Torry hat mich geweckt. Ich sah meine Mutter, wie sie immer und immer wieder zu den Fenstern unserer Wohnung ging, um zu sehen, was draußen los ist. *Lera, schau mal! Da ist ein Soldat.* Und tatsächlich, auf der Straße direkt vor unserer Wohnung stand ein schwer bewaffneter ukrainischer Soldat.

Menschen waren auf der Straße und brachten den Soldaten etwas zu essen und Brot.

Ich schaute mir diesen schwer bewaffneten Soldaten in aller Ruhe an – für mich war es keine sonderlich beunruhigende Situation, aber meine Mutter war wirklich sehr nervös und bedrängte meinen Vater: *Schau, wir sollten so schnell wie möglich von hier verschwinden und zum Bombenschutzkeller fahren, komm schon!* Darauf mein Vater, entspannt wie immer: *Beruhige dich. Warum stört dich das?*

Keine halbe Stunde später hatte er seine Meinung geändert: *Lera, mach dich ganz schnell fertig, wir fahren zum Bombenschutzkeller. – Warum? Warum sollten wir dorthin fahren? Ich will schlafen*, denn es war noch früh am Morgen.

Dann ging alles schnell: Gegen 10 Uhr waren wir bereits im Bombenschutzkeller. Unser Bunker war das alte Kellerbüro meines Vaters in einem Gebäude, in dem er früher auch ein Restaurant betrieb. Er hatte den Keller renoviert (eines seiner Hobbys, er liebt es), arbeitete dort früher mit seinen Angestellten. Dort gibt es Computer, WLAN (!), zwei Toiletten und eine Dusche. Und sogar ein Fitnessgerät aus unserer Wohnung hatte er mitgenommen.

In dem Keller waren wir vermutlich sicher vor Bombenangriffen. Aber es war wirklich langweilig da unten, für meine Eltern und für mich. Aber ich hatte Internet und um mir die Zeit zu vertreiben, blätterte ich durch die TikTok-Videos, die ich gespeichert hatte. Und ich überlegte mir Postings, die ich vielleicht in Zukunft einmal machen wollte. Und da gab es ein Video mit dem Titel „Dinge in meinem Zuhause, die einfach Sinn machen …". Da zeigten Leute irgendwelche zufälligen Dinge aus ihrem Zuhause.

Also habe ich begonnen, in unserem „Zu-hause", unserem Bombenschutzkeller, zu filmen. Meine Eltern sahen dabei zu, wie ich mit meinen Händen diese typischen lustigen italienischen Gesten machte, während ich filmte, als Hinter-grundmusik wählte ich „Che La Luna" von Louis Prima. Mein Vater saß gerade gut gelaunt an seinem Schreibtisch in seinem großen Bürosessel und fing an, meine Gesten nachzumachen. Das war wirklich sehr lustig. Und meine Mutter? Meine Mutter ist immer für alles zu haben. Ich sagte: *Mama, tanz ein bisschen.* Und sie tat es einfach, schnappte sich einen gelben Plastik-Werkzeugkoffer und tanzte mit ihm durch den Bunker. Sie ist zu allem bereit, sie ist großartig.

So ist das erste Video aus dem Bunker entstan-den. Es war eine Mischung aus Langeweile, meiner Idee, etwas zu diesem TikTok-Trend zu machen, und einfach auch ein wenig Spaß zu haben in dieser an sich schrecklichen Situation. Leute von CNN und BBC sind auf dieses Video aufmerksam geworden und haben mich um Interviews ange-fragt. Meine Stadt wurde gerade zerstört und ich konnte der ganzen Welt davon erzählen. Gefun-den haben sie mich dank des TikTok-Videos aus unserem Bombenschutzkeller.

Die Flucht

Ich blieb 17 lange Tage im Bombenschutzkeller, aber wir hatten bis jetzt überlebt. Um uns herum, nördlich von Kiew, wurde heftig gekämpft, die Russen drohten, Zivilisten, die fliehen wollten, mit Flugzeugen und Raketen anzugreifen. Es war der Tag, an dem das Hotel Ukraina in Tschernihiw zerstört wurde. Es gab keinen Strom mehr, die Menschen begannen ihre Handys an öffentlichen Steckdosen auf den Straßen aufzuladen, wobei es ohnehin kein Telefonnetz mehr gab. Es war so schlimm, dass ich beschloss, Tschernihiw schnellstmöglich zu verlassen und zu fliehen.

Ich überlegte, ob ich den Bus nach Kiew nehmen sollte, denn zivile Autos wurden von russischen Soldaten beschossen. Dann bot mir ein Ehepaar an, mich in ihrem Auto mitzunehmen, und wir brauchten sieben Stunden – normalerweise sind es zwei. Stellt euch eine Kolonne von 30 Autos vor, die im Dunkeln über Felder und durch Wälder fahren. Einige hatten Aufkleber mit der Aufschrift „Kinder im Auto", aber die Russen würden wohl niemanden verschonen. Ortsschilder waren abmontiert, um die russischen Truppen zu verwirren. Es war bekannt, dass sie noch immer Papier-Straßenkarten benutzen. Wir erreichten den Bahnhof in Kiew erst nach vielen Stunden, aber die Fahrt verging schnell. Ich war so nervös, dass ich vergaß, wie man pinkelt, sogar als der ganze Konvoi dafür gestoppt hatte.

Es gelang mir, einen Zug nach Lemberg in der Westukraine zu nehmen, ungefähr 70 Kilometer von der polnischen Grenze entfernt. Auf der Fahrt traf ich vier andere Mädchen aus Tschernihiw. Ich erinnere mich genau an den Geruch, als wir den Bahnhof von Lemberg erreichten. Es roch nach Menschen, nach Essen und nach Unglück. Es ist schwer, das alles zu beschreiben, es war einfach nur furchtbar. All die Menschen (darunter Landstreicher), die versuchten, an kostenloses Essen zu kommen. Plötzlich hörte ich, dass ein Zug nach Przemyśl, Polen, fährt. In diesem Moment beschlossen wir Mädchen zu versuchen, in diesen Zug zu kommen. Ich gab alles und drängelte mich sogar in der Schlange nach vorne – ja, ich weiß, das war nicht fair, aber wir befanden uns in einem Spiel ohne Regeln. Alle weinten, manche schrien. Plötzlich sagte ein Mann, es gäbe drei Stehplätze. Also stiegen wir schnell ein und kamen gerade noch aus Lemberg raus.

Ich stand fast die ganze Zeit im Zug, konnte mich immer nur kurze Momente hinsetzen. Die anderen Mädchen saßen bei der Toilette. Neben mir die Tante meiner besten Freundin Uliana, die mit ihrer körperlich behinderten Mutter unterwegs war. Ich werde diese Bilder der Verzweiflung nie vergessen. An den

Haltestellen schrien die Leute, um Essen zu bekommen. Der Zug wartete fünf Stunden im Dunkeln an der polnischen Grenze. Es war furchtbar – Kinder schliefen auf dem Boden neben alten Menschen und Behinderten. Endlich kamen wir in Przemyśl an und ich begann zu weinen. Eine weitere Zugfahrt würde ich nicht ertragen.

Ich hatte keine Dokumente, keinen Pass, der war noch in Kiew. Ich überlegte, ein Taxi zu nehmen, aber das hätte 400 Dollar gekostet, um bis nach Warschau zu kommen. Ich riss mich also zusammen, ging zurück zum Bahnhof und beschloss, nicht auf einen Zug nach Warschau zu warten, sondern den ins nahe gelegene Łódź zu nehmen. Dort wurde ich von einem Reporter der lokalen Medien anhand meiner Beiträge in den sozialen Medien erkannt und gab ein Interview, während ich darauf wartete, dass meine wunderbare Freundin Darina aus Warschau mich abholte. Bei ihr wohnte bereits ein anderes Mädchen aus Tschernihiw, und wenn ich jetzt an den Moment zurückdenke, als ich Darinas Wohnung betrat, dann steigt mir noch immer dieser Geruch von warmer Suppe in die Nase, die sie für mich gekocht hatten.

In diesem Moment war es unmöglich zu verstehen, was ich auf dieser Reise alles durchgemacht hatte. Wie soll man sich da auch schon fühlen?

Von Polen nach Italien

Im Zug von Lemberg nach Polen habe ich eine Instagram-Story mit dem Titel „Evacuation" erstellt.

Ich wollte den Menschen erzählen, wie schwierig es war, mein Land zu verlassen, und was es bedeutet, aus einem Kriegsgebiet zu flüchten. Ich machte viele Fotos von Menschen im Zug. Von alten gebrechlichen Frauen, von einem kleinen Mädchen mit einem Stofftier auf dem Schoß, von Menschen, die schrien, und von den vielen Freiwilligen, die uns beim Aussteigen halfen und uns gleich zu essen brachten.

Ich habe einen wichtigen Ratschlag dazugeschrieben:

Ein Life-Hack zum Überleben!
Bitte!!! IHR ALLE!!!!
SEID UNVERSCHÄMTER

… denn nur so hatte ich es geschafft, einen Platz im Zug zu ergattern.

Ich hatte es also geschafft, nach Polen zu kommen, aber ich fühlte mich unsicher, leer und konnte nichts mehr fühlen.

Aufgrund der Bombshelter-TikToks und der Instagram-Stories aus dem Zug begannen mir immer mehr Leute Nachrichten zu schicken. Eine Frau schrieb, sie könne mich unterbringen … aber sie sei in New York. Ich schrieb ihr, erzählte ihr von meinen Plänen und sagte, dass New York für mich zu teuer wäre und ich eigentlich nach Italien wolle. Sie meinte, sie würde versuchen, mir zu helfen, sie kenne jemanden in Mailand, Celeste, und könnte uns vielleicht mit ihr zusammenbringen. Heute lebe ich tatsächlich bei ihr und ihrer Familie, die jetzt auch ein wenig die meine ist.

Aber noch war ich nicht dort. Am Flughafen Warschau sagte man mir, ich dürfe nicht ins Flugzeug. Aber ich war doch Flüchtling, hatte keine Papiere, mein Pass war noch in Kiew und ich hatte eine weite Reise hinter mir! Keine Chance. Sie weigerten sich und meinten, dass es auch beim Umsteigen in den Niederlanden Probleme geben würde.

Also beschloss ich, mit einem Flixbus zu fahren. Zuerst ging es nach Berlin, wo hilfsbereite

Menschen uns Schokolade, Suppe, Zahnpasta und Kleidung schenkten, es gab sogar einen Tisch mit Tierfutter.

Meine Reise von Polen nach Italien fand also auf dem Landweg statt. Die Fahrt dauerte einen ganzen Tag, aber die Zeit verging schnell. Wenn man einmal Tage gebraucht hat, um von Tschernihiw nach Polen zu kommen, dann fallen einem die 25 Stunden für die Fahrt nach Mailand gar nicht mehr auf. Ich war nur noch froh, unterwegs zu sein, schaute aus dem Fenster und hörte die ganze Zeit dieses eine Lied:

🎧 Chase Atlantic – *Swim*

In Mailand angekommen, holten mich Celeste und ihre Tochter Maria ab, eine wunderbare Familie. Wenn ich einmal groß bin, möchte ich so leben wie sie. Sie haben eine schöne Wohnung, eine wunderbare Beziehung, das Herz am rechten Fleck, und sie haben mir geholfen.

Nun war ich also wieder in Italien. Ich war schon einmal hier auf Urlaub gewesen, nie hätte mir träumen lassen, dass ich Jahre später hierher zurückkehren würde – als Flüchtling.

Karte meiner Träume
– Map of Dreams

Mein ganzes Leben habe ich daran geglaubt, dass mir etwas ganz Besonderes passieren würde. Ich glaube an eine Art universeller Kraft, etwas Größeres, nennen wir es Gott.

Wie soll ich es am besten erklären. Falls ich zum Beispiel in London studieren wollte, obwohl mein Vater mir sagen würde, dass dies unmöglich wäre und ich es nie schaffen würde, hätte ich trotzdem fest daran geglaubt. Träume eines kleinen Mädchens …

Als ich 16 Jahre war, hat uns unser Lehrer in der Schule gebeten, einen Brief an unser zukünftiges Ich zu schreiben – uns zu überlegen, wie wir uns unser Leben in der Zukunft vorstellen. Dann mussten wir alle unsere Briefe laut vor der Klasse vorlesen. In meinem Brief stand, dass ich viel reisen möchte, dass ich mein Leben in schönen Fotos festhalten und diese dann auf Instagram veröffentlichen möchte. Und dass ich immer eine tolle Beziehung zu meinem damaligen Schulfreund haben wollte.

Und wisst ihr was, es ist alles genau so passiert, wie ich es mir gewünscht hatte. Ich bin schon viel gereist, habe schöne Bilder auf Instagram posten können und ich habe eine perfekte Beziehung zu meinem Ex-Freund. Als der Krieg losging, hat er meinen Eltern und all meinen Freundinnen sehr geholfen.

Ich habe dann später eine „Map of Dreams" gestaltet, um mich jeden Tag selbst zu motivieren. Gemeinsam mit meiner besten Freundin Uliana hatten wir eines Tages die Idee, all unsere Träume zu visualisieren, was wir einmal erreichen und machen wollten, wenn wir später groß sind. Wir begannen damit an einem ganz bestimmten Tag in der festen Überzeugung, dass nur dann auch wirklich alles wahr werden würde.

Diese Karte hängt bis heute in meinem Schlafzimmer, oberhalb meines Bettes, sodass ich jeden Tag, wenn ich aufwache, sehe, wovon ich träume und was ich erreichen will: Zu sehen sind das Foto eines Mädchens neben Elefanten, Bilder von schönen Wohnungen und Hotels, von Orten, an die ich gerne reisen würde: zum Beispiel Sri Lanka und natürlich Italien. Sogar das Bild eines tollen Autos habe ich aufgeklebt, eines Lamborghini. Und auch ein paar andere

Dinge, die ich nicht verrate, sonst werden sie ja vielleicht nicht wahr …

Ich wollte auch immer viel Geld verdienen – einer der Cartoons auf meiner Karte ist Dagobert Duck, die superreiche Disney-Figur. Es ist ein Bild von ihm, wie er in einen riesengroßen Haufen Geld eintaucht.

Ich habe mir den Zeichentrickfilm immer morgens beim Frühstück mit meinen Eltern und meinem Bruder angesehen. Ich erinnere mich daran, als wäre es gestern gewesen. Aber das muss zehn Jahre her sein. Ich habe es immer noch – das Bild –, aber jetzt, nach Kriegsbeginn, verstehe ich, dass Geld gar nicht so wichtig ist.

Letztes Jahr im November 2021 lernte ich auf Instagram einen Jungen kennen und wir begannen, uns Nachrichten zu schreiben. Er schickte mir Fotos von ihm beim Surfen auf Madeira, und ich sagte ihm, dass ich schon immer surfen gehen wollte, das war eines der Bilder auf meiner Map of Dreams, und er meinte nur:

Du kannst mitkommen, schick mir nur die Kopie deines Reisepasses. Das machte ich, und nach drei Tagen hat er mir ein Ticket geschickt.

Rom, Italien und Mailand

Ich war noch Ende vergangenen Jahres mit Freunden in Rom, kurz bevor die Russen in die Ukraine einmarschierten. Es war nur zwei Monate vor dem Krieg, aber inzwischen kommt es mir wie eine Ewigkeit vor. Eine andere Welt. Das Leben kann sich verändern … Ich habe Reisen immer sehr geliebt – ich war in Lissabon, Paris, Berlin, Wien –, aber meine ganze Liebe gehört Italien.

Meine Freundin Anna hatte Geburtstag, keiner von uns wusste, was wir ihr schenken sollten, also schlug ich vor, dass wir alle nach Rom fahren und uns eine schöne Wohnung mieten. Und das taten wir – wir hatten eine wunderbare Zeit, wir haben den Trevi-Brunnen, das Kolosseum und die Sixtinische Kapelle besucht. Es ist einfach eine unglaublich aufregende Stadt und ein großartiger Ort zum Fotografieren.

In dieser uralten Stadt zu sein ist ein ganz eigenes Gefühl. Ich liebe die Architektur und den Stil der Menschen. Italiener und Ukrainer haben so viel gemeinsam, sehr entspannt und zugleich ernsthaft, wenn's ums Arbeiten geht. Das Essen hier ist doch

einfach köstlich, die Farben der Gebäude sind unbeschreiblich schön, und die Natur und das Licht …
Ich möchte so viele italienische Städte wie möglich besuchen – ich habe unglaublich viele Fotos von Italien auf meiner Map of Dreams. Ich kann nicht einmal genau sagen, warum ich Italien so sehr liebe. Es ist ein wenig so, wie wenn man sich in einen Menschen verliebt. Vielleicht, weil die Leute hier so freundlich und nett sind, ihre Art zu leben – seltsam, oder?

Ich verließ Rom, um nach Madeira zu fliegen und dort Anton zu treffen, den ich über Instagram kennengelernt hatte und der mir ein „Ticket zum Surfen" geschickt hatte. Es war wirklich ganz spontan. Als ich zum Flughafen kam, um Italien zu verlassen, hatte ich das Gefühl, ins Blaue zu fliegen, auf einen anderen Planeten, eine andere Insel. Ich stieg in Madeira aus dem Flugzeug und es war auf einmal so, als ob ich eine andere Atmosphäre, eine andere Luft spüren, als ob ich auf eine andere Art und Weise atmen würde. Andere Farben, alles war anders. Ich hatte das Gefühl, ich könnte jetzt tun, was immer ich wollte.

Und wisst ihr was, das kann man! Wenn du nach New York gehen willst, kannst du es tun. Oder, wenn du nicht willst, tust du es einfach nicht. Alles hängt von einem selbst ab. Ich bin dankbar für die Menschen, die mir diese Möglichkeiten geben, und ich weiß es sehr zu schätzen.

Meine Flucht nach Italien nur drei Monate später war alles andere als schön, nachdem wir Tschernihiw und den Krieg hinter uns gelassen hatten. Diese Reise begann mit einem Beitrag auf TikTok. Es war der 4. März und die Lage in der Ukraine spitzte sich immer mehr zu. Ich dachte viel an Italien und die tolle Zeit in Rom und machte ein TikTok-Video von mir mit einem Topf Pasta, tanzte ein bisschen, posierte, unser Hund Torry sprang hoch, um zu versuchen, daran zu riechen. Die Bildunterschrift lautete „Do u need a recipe?" und der Text über dem Video: „pov: she cooked pasta in a bomb shelter and imagined that she is in Italy." Das Video wurde bereits mehr als 2,5 Millionen Mal angeschaut. Damit wollte ich zum Ausdruck bringen, wie sehr ich Italien und die Italiener:innen liebe und wie sehr ich dorthin zurückkehren möchte. Das war kein Zufall. Ich versuche immer, ein Video mit einer Botschaft zu machen: nicht nur für andere Menschen, sondern auch für mich.

Heute lebe ich hier in Mailand. Die Frage ist, ob ich Italien genauso werde genießen können – denn jetzt, nach der Invasion, kann ich mich nirgendwo mehr so stark zugehörig fühlen wie vor Kriegsbeginn.

„

*Wir schreiben uns
jeden einzelnen Tag.*

"

Blumen und Warnungen

Anton hatte immer eine ganz andere Meinung über Putins Pläne als ich. Denn er hatte schon einmal miterlebt, wie die Russen in die Ukraine einmarschierten.

Für Anton ist der Überfall jetzt im Februar schon sein zweiter Krieg mit Russland. Er stammt aus Donezk, das ist eine Großstadt in der östlichen Ukraine mit fast einer Million Einwohner. 2014, nach den Studentenprotesten und dem sogenannten Maidan-Aufstand, griff Russland Donezk und Luhansk an. Damals waren Hunderttausende auf die Straßen gegangen und hatten gegen die moskaufreundliche Regierung in Kiew demonstriert, dann gab es viele Tote, wenig später ist der Präsident geflohen, es gab Neuwahlen, und Russland hat die Krim annektiert. Ich war damals noch ein kleines Mädchen und habe wirklich noch nichts verstanden. Aber Anton ist sieben Jahre älter als ich, und er war 18 oder 19 Jahre alt, als es passierte, und konnte sich noch immer gut erinnern. Deshalb hat er jetzt alles genau vorhergesehen und wusste genau, was passieren würde, schon bevor es losging. Als jemand, der bereits einen Krieg erlebt hatte, spürte er ihn förmlich kommen.

Als die Gerüchte über die Eskalationen und die mögliche Invasion immer lauter wurden, fragte er mich immer wieder: *Lera, was wirst DU tun, wenn ein Krieg beginnt?* Aber ich war naiv, habe ihn überhaupt nicht ernst genommen und nur lauthals gelacht: *Was für ein Krieg? Hey, entspann dich.* Ich konnte mir einfach nicht vorstellen, dass es Krieg geben könnte. Selbst als er anrief, um zu sagen, dass er mit seinen Eltern nach Lemberg fliehen würde, wollte ich es nicht wahrhaben. Lemberg ist die größte Stadt in der Westukraine, hat über 700.000 Einwohner und ist nicht sehr weit von der polnischen Grenze entfernt.

Er lud mich also ein, mit ihm nach Lemberg mitzukommen. Ich war hin- und hergerissen, aber lehnte schließlich ab, weil ich meine Eltern nicht allein lassen wollte, und ehrlich gesagt wusste ich auch nicht, welche Gefühle er bei mir auslöste. Mochte ich ihn jetzt eigentlich, oder nicht? (Ich ändere meine Meinung manchmal schneller als das Wetter.) Also fuhr er allein mit seinen Eltern nach Lemberg. Ich weiß noch genau, wie er anrief: Ich war draußen, es regnete, und der Himmel war blau. Ein paar Tage nach diesem Telefonat brach der Krieg aus.

Anton wollte so schnell wie möglich nach Polen flüchten. Aber leider gelang es ihm nicht mehr, die Ukraine zu verlassen – denn genau an dem Tag, an dem er die Grenze überqueren wollte, wurde ein Gesetz erlassen, das Männer zwischen 18 und 60 Jahren verbietet, aus der Ukraine zu flüchten. Anton hat sich anschließend bei der Armee gemeldet und schiebt jetzt Wache bei einer ukrainischen Militäreinheit. Wir schreiben uns jeden einzelnen Tag.

Nachdem ich aus der Ukraine nach Italien geflüchtet war, schickte mir Anton Blumen. Das war wirklich sehr süß von ihm. Ich war gerade in Rom für eine Talkshow namens „Propaganda", und er schickte mir den Blumenstrauß ins Hotel. Er ist in der Armee und so weit weg – stellt euch die Entfernung zwischen Italien und der Ukraine vor.

Er hatte mit dem Krieg leider recht behalten. Er hatte mitansehen müssen, was die Russen in Donezk taten, und er wusste genau, dass sie dies auch in anderen Teilen der Ukraine tun würden und dass sie einmarschieren würden.

@valerisssh

Ich habe hier meine Kindheit verbracht, danke Russland
HEUTE HAT PUTIN EINES DER ALTEN GEBÄUDE IN
MEINER STADT ZERSTÖRT
Es war ein Kino, das den Zweiten Weltkrieg überlebt hat
Das Kino wurde durch eine Rakete 9K720 Iskander, die
aus Russland kam, zerbombt
Durch die Wucht des Einschlags flogen auch in den
Nachbarhäusern die Fensterscheiben heraus

Mein Vater, ein störrisches Maultier, so wie ich

Meine Beiträge in den sozialen Netzwerken haben Menschen über den Krieg informiert und mir sehr geholfen, aus der Ukraine zu flüchten und in Mailand unterzukommen.

Aber es gab einen Menschen, dem es nicht gefiel, was ich hier trieb, und das war mein Vater. Er ist in dem „Things in our bomb shelter what make sense"-Video zu sehen, wie er fröhlich und gut gelaunt in seinem Stuhl herumschunkelt, obwohl er mir ausdrücklich gesagt hatte, ich solle damit aufhören.

Mein Vater war in den 90er-Jahren ein gemachter Mann. Er hatte ein Kasino, ein Restaurant, ein tolles Leben und konnte viel auf Reisen gehen. In dem Gebäude, in dem er sein Restaurant hatte, hatte er das Kellergeschoss gekauft und beschlossen, es als Büro zu nutzen.

Und genau diesen Keller verwandelte er jetzt, als die Russen einmarschierten, für uns in einen Bombenschutzkeller – ihr wisst schon, sein ehemaliges Büro, das er mit Computern, zwei Toilet-

ten, WLAN (!), einer Dusche und dem Fitnessgerät ausgestattet hatte. Mein Vater ist für mich
ein großartiges Beispiel dafür, wie man das Leben
meistern kann.

Aber … Mein Vater ist auch *sehr* selbstbe-
wusst. Er ist etwas eingebildet, eine Spur sexis-
tisch und respektiert die Meinung anderer Leute
nicht wirklich – vielleicht mag er auch niemanden. Ich habe viel geweint im Bunker, seinem
Büro, denn es war Krieg, ich war wütend und wir
hatten immer wieder Streit, manchmal habe ich
sogar geschrien. Aber ich weiß, dass er mich liebt
und meine Meinungen respektiert.

Meine Mutter meinte nur, wir seien beide stur
wie zwei Esel, die sich weigern, nur einen einzi-
gen Schritt aufeinander zuzugehen. Aber es ist
echt schwierig, Kompromisse zu schließen, wenn
man beleidigt ist. Am Ende haben wir uns immer
noch versöhnt, ich kann ihm nie länger als einen
Tag böse sein.

Jedenfalls wollte mein Vater nicht, dass ich Videos mit ihm darin poste. Er wollte, dass ich es
sofort runternehme. *Lera, ich habe dir doch schon
gesagt, dass ich es nicht mag.* Aber ich antwortete
nur: *Papa, es hat schon über eine Million Aufru-*

fe, ich werde es sicher nicht löschen! Und natürlich habe ich es NICHT gelöscht. Wie gesagt, ich bin mindestens genauso stur wie er.

Er ist immer in Sorge um die Familie und passt sehr gut auf uns auf. Eines Morgens schauten wir in der App nach (ja, es gibt tatsächlich eine App, auf der man checken kann, ob es gerade Alarm gibt, in einem Bunker hört man keine Sirenen), weil meine Mutter und ich überlegten, rauszugehen – wir mussten unbedingt wieder einmal Lebensmittel einkaufen.

Da alles sicher zu sein schien und es keinen Alarm gab, fuhren wir zu einem Geschäft, kauften ein paar Sachen, gingen mit unserem Hund Torry spazieren. Bevor wir zum Bombenschutzkeller zurückkehrten, besuchten wir auch noch Orte in Tschernihiw, die stark zerstört waren. Zurück in unserem Bunker, habe ich Videos von den Ercignissen in der Ukraine zusammengestellt und veröffentlicht. Ich konnte zeigen, wie die russischen Bomben Häuser, Wohnungen und Orte, an denen ich als Kind gerne gespielt hatte, zerstört hatten.

Leben in – und Flucht aus – dem Bombenschutzkeller

Am ersten Tag des Krieges gingen wir in den Bombenschutzkeller. Die Sirenen heulten, und wir wussten, dass wir einen sicheren Ort aufsuchen sollten. Wir fuhren also zu unserem Unterschlupf. Nicht jeder hatten einen geeigneten Schutzraum, manche versteckten sich in den oberen Stockwerken ihrer Häuser, andere in Kellern.

Am ersten Tag des Krieges blieben wir über Nacht dort. Am Morgen ging ich gleich raus, um Fotos von den langen Schlangen der Menschen zu machen, die Lebensmittel kaufen wollten. Und ich sah Panzerspuren in der Nähe unseres Hauses. Der Krieg kam näher.

Am 24. Februar, dem Tag, als der Krieg ausbrach, konnte ich es immer noch nicht glauben, bis zur letzten Minute. Mein Gehirn konnte diese Art Information nicht verarbeiten, es war wie ein Filmriss. Wir begannen allmählich, immer mehr Dinge in den Bunker zu bringen, Lebensmittel (Schokolade und Mangokonserven) oder Sachen, die ich aus Kiew mitgebracht hatte. Eigentlich esse ich keine Konserven – aber, glaubt mir, nach 17 Tagen in einem Bombenschutzkeller isst man ALLES. Und das Leben im Bombenschutzkeller hat sogar seine guten Seiten, wir haben auf gesunde Ernährung umgestellt, Kuhmilch war ausverkauft, also gab's jetzt Hafermilch.

Der Einzug in den Bombenschutzkeller war irgendwie ein kleines Abenteuer – denn ich realisierte nicht zu 100 Prozent, was los war. Ich fragte meinen Vater nur, ob wir WLAN im Bunker haben, und er sagte Ja (haha).

Am 25. Februar, dem Tag nach Kriegsbeginn, wachten wir auf und mein Vater wollte seinen Kaffee. Da sitzt er dann da, trinkt seinen Kaffee – und alles ist für ihn in Ordnung. Wie schon gesagt, so ist er – egal ob Krieg oder nicht, er muss pünktlich seinen Kaffee haben. Während er seinen Kaffee trank, fuhren wir mit Mutters Auto nach Hause. Auf dem Weg sahen wir Panzer ganz in der Nähe unserer Wohnung. Ich dachte, das sei ein Scherz. Aber ich war glücklich, wieder nach Hause zu kommen, und filmte meine Gefühle. Ich konnte mich duschen. Es war schon seltsam für mich, mich im „Büro" meines Vaters zu waschen, aber nachdem ich eine Weile dort gelebt hatte, begann es sich auch wie ein Zuhause anzufühlen.

In der zweiten Nacht, vom 25. auf den 26. Februar, beschlossen wir, in der Wohnung zu bleiben, wir schliefen nicht im Bombenschutz-keller. Es gab keinen Alarm. Abends sahen wir die Nachrichten und glaubten noch immer, dass der Krieg bald vorbei sein würde. Also bin ich nochmal raus, um Fotos zu machen – eigentlich gab es eine Ausgangssperre, wir durften also von 18 Uhr bis 7 Uhr morgens nicht raus.

Es war komisch, ich habe mich gar nicht gespürt. Wir waren sicher, dass es bald enden würde – dass alles nur ein schlechter Witz sei. Wir dachten, wir müssten nur drei Tage warten und alles würde gut werden.

Mein Vater hat immer zu mir gesagt: *Morgen wird es besser sein.* Als ich ihm sagte, ich wolle Tschernihiw verlassen, sagte er: *Bitte, geh erst in ein paar Tagen. Es wird bald besser werden.* Also habe noch gewartet. Aber wir wussten bei-de, dass es nie leichter werden würde, zu gehen. Trotzdem sagte er: *Du musst warten, du musst warten.*

Am 12. März machte ich mich auf den Weg nach Polen. 17 Tage, nachdem wir das erste Mal im Bombenschutzkeller geschlafen hatten.

@valerisssh

Jeden Tag lebe ich mit der Hoffnung, dass der Krieg morgen zu Ende ist, aber alles wird immer schlimmer. Ich sehe, wie meine Stadt ausgelöscht wird und wie russische Truppen ukrainische Zivilisten töten. Es sieht aus wie im Zweiten Weltkrieg, als die Faschisten die Juden töteten. Ich fühle mich wie eine Jüdin, die sich vor Faschisten versteckt, aber ich bin eine Ukrainerin, die sich in einem Bunker vor den Russen versteckt. Das Wichtigste für mich ist Freiheit, aber leider muss ich das Opfer eines Mannes sein, der in seiner Kindheit nicht genug Panzer gespielt hat.

Kriegsfolgen, Hitler und Auschwitz

Ich erinnere mich, dass ich in der Nacht des 3. März einen Dokumentarfilm über Hitler angesehen habe. Geschichte hat mich immer interessiert. Ich war früher schon in Berlin gewesen, hatte ein Museum über den Zweiten Weltkrieg und das Holocaust-Mahnmal besucht, und als ich 16 war, war ich auch in Polen gewesen, in Auschwitz. Ich wusste also, wozu ein einziger Mensch fähig sein kann. Aber nie hätte ich gedacht, dass uns so etwas heute noch passieren würde.

Früher an diesem Tag ging ich hinaus, um ein brennendes Haus zu sehen – ich filmte es. Und mittags ging ich zu dem Ort, an dem eine Bombe eingeschlagen hatte. Es war furchtbar. Von der Straße aus konnte ich in die zerstörten Wohnungen sehen, in einer hing noch immer ein Orientteppich an der Wand.

An diesem Tag schickte mir eine Freundin ein Video, das sie online gefunden hatte. Ich werde es mein ganzes Leben lang nicht vergessen. Zu sehen sind Tote und Verletzte, die auf dem Boden liegen. Ich höre noch jetzt ihre Schreie, es war furchtbar, schockierend.

Während ich also in der Wohnung mit dem Teppich an der Wand war und das Video für TikTok aufnahm, musste ich unwillkürlich an die Ausstellung in Berlin denken. In diesem Moment schlug eine Bombe in ein anderes Gebäude ein. Ich hörte den Alarm, aber konnte keine Bombe sehen, dann hörte ich nur noch eine laute Explosion und wusste nicht, wo sie eingeschlagen hatte. Es war wirklich laut, alles hat gewackelt. Ich hatte Glück, dass ich nicht getötet wurde. Mein Vater war in dem Moment gerade im Bunker, meine Mutter und ich draußen. Er hatte online von dem Bombenangriff erfahren und rief uns sofort an. Er wollte, dass wir schnell in den Bunker zurückkehren, so schnell wir nur konnten.

Ich musste immer wieder über diesen Teppich an der Wand nachdenken. Er war wie ein Relikt aus der Vergangenheit. In den Wohnungen mancher Leute hat sich nichts wirklich verändert. Es kam mir seltsam vor, dass die Leute heute noch, wenn wir Teslas und Elon Musk haben, ihre Wohnungen so wie früher dekorieren, mit einem Orientteppich an der Wand. Und es bedurfte einer russischen Bombe, dass ich mir dessen bewusst wurde.

In dieser Nacht habe ich mir Videos und Dokumentationen über Hitler angesehen. Denn alles, was Putin jetzt tut, ist dasselbe. Es ist 100 Prozent Faschismus. Später hat mir meine Mutter dann erzählt, dass ich in dieser Nacht Alpträume hatte und immer wieder laut geschrien habe. In meinen Träumen konnte ich die Explosionen hören. Damals, als ich in Berlin das Museum über den Zweiten Weltkrieg besuchte, konnte ich mir nicht vorstellen, dass das jemals das reale Leben sein könnte, es war wie auf einem anderen Planeten. Aber jetzt in diesen völlig zerstörten Wohnungen zu stehen, zerbombt und zu Staub zerfallen, wurde mir klar, dass es kein Museum war. Es war mein echtes Leben.

Ich weiß, dass irgendwann in der Zukunft ein Museum in meiner Heimatstadt Tschernihiw gebaut werden wird, und Mädchen und Jungen werden es besuchen. Sie werden nicht verstehen, wie das alles jemals geschehen konnte. Wie es wirklich war. Menschen aus Europa oder Amerika werden es nie verstehen. Unsere Nachbarn, Russland und Belarus, sie machen mich verrückt.

„

Warum filmt ihr?
Löscht bitte alles.

"

Die Macht der sozialen Medien

Ich schaue ständig auf mein Handy – es merkt sich alles besser als ich.

Mein ganzes Leben lang nutze ich schon Socials, und ich bin gut darin. Schon als ich zwölf war, wusste ich genau, wann ich was wie posten musste, und meine Schulfreundinnen baten mich um Hilfe für ihre eigenen Posts. Jede:r wusste, dass ich gut darin war, aber ich hatte damals keine Ahnung, was ich mit diesem Talent anfangen sollte. Heute probiert jeder, sein eigenes Business zu promoten, aber ich hätte nie gedacht, dass ich selbst damit bekannt werden würde.

Vor acht Jahren, als Russland auf der Krim einmarschierte, beschloss die Ukraine, einige Dinge zu boykottieren. Russische Fernsehsender wurden abgeschaltet, wir hörten bestimmte russische Künstler nicht mehr, sie durften auch nicht mehr in unser Land einreisen, und wir waren uns alle einig, dass wir ein russisches soziales Medium wie Vkontakte (VK) besser nicht mehr nutzen sollten. Als Instagram dann „Stories" einführte, waren wir Feuer und Flamme.

Untereinander chatten wir auf Telegram, Facetime und Instagram. Damals nutzte jeder in Tschernihiw Instagram. Und ich habe von Anfang an Dinge auf TikTok gepostet. Ich wusste, dass TikTok ein riesiger Erfolg werden würde, weil es in der Zeit von Covid sehr populär wurde, vielleicht sogar schon davor. Ich habe regelmäßig gepostet, und während Covid ist mein Profil in die Höhe geschnellt. Als ich mein erstes Video veröffentlichte, das von einem Fotoshooting „behind the scenes" handelte, wurde es mehr als 100.000 Mal angesehen. Ich war komplett geflasht über so viele neue Follower. Und so ging es immer weiter – und alles, was ich getan hatte, war, dieses Hinter-den-Kulissen-Video zu teilen.

Mit Kriegsausbruch änderte sich, was ich filmte. Als die Russen einmarschiert sind, waren wir alle sehr nervös. Meine Eltern realisierten, was vor sich ging, ich aber nicht. Ich habe es einfach nicht kapiert. Eines Tages fuhren wir in die Nähe unseres Hauses, als wir diese Panzer sahen, und ich begann, sie mit meinem Handy zu filmen. Die Soldaten hielten unser Auto an und fragten: *Warum filmt ihr? Löscht bitte alles. Wenn ihr Bilder von Panzern veröffentlicht, wo sie stehen, dann erfahren die Russen den Standort und können ihn zerstören.*

Es war der Tag, an dem meine Mutter und ich beschlossen, unsere Soldaten zu unterstützen, ihnen Essen zu machen und Tee zu kochen. Eines Tages konnte ich von meinem Fenster aus eine wirklich berührende Szene beobachten. Da stand ein Soldat und eine alte Frau ging zu ihm mit einem Topf mit Essen, ich weiß nicht, war es Suppe, Nudeln oder Porridge, und sie gab ihm diesen Topf. Der Topf war viel zu groß für eine Person, aber dieser Soldat war die ganze Nacht und den ganzen Tag dort gewesen. Sie wollte sagen: *Ihr müsst was essen, ihr braucht Kraft, ihr müsst unser Land verteidigen.*

Wir haben diese Nacht zu Hause verbracht und ich habe Panzer von meinem Fenster aus gefilmt. Es ist beängstigend, sie zu hören, denn die Ketten und der Motor machen ein unglaublich lautes Geräusch. Und ich erinnere mich, dass ich einen Film gesehen habe, „Redoutable". Ein sehr cooler, schöner französischer Film mit schönen Schauspieler:innen.

Als ich ins Bett ging, war es ein Tag mit Panzern und einem schönen Film gewesen.

Eine erstaunliche Figur

Meine Mutter hat mich immer unterstützt und immer an mich geglaubt. Als ich die Interviews auf CNN und BBC über unser Leben im Bombenschutzkeller gegeben habe, sagte sie zu meinem Vater: *Deine Tochter wird noch berühmt werden, die ganze Welt wird sie kennen.* Meine Mutter ist ganz wichtig für mich.

Alle meine Freunde mögen sie, sie sagen: *Deine Mama ist so cool und schön.* Eigentlich hat meine Mutter seltsame Gene, weil sie isst und isst und einfach nicht dicker wird. Sie hat eine tolle Figur – eine sehr schmale Taille und breite Hüften. Sie ist dünn und meine Freunde haben recht, sie ist die Beste. Sie kocht gerne und sie kocht auch wirklich gut, ihre Mahlzeiten schmecken einfach lecker. Und da sie im Bombenschutzkeller nichts zu tun hatte – sie fand es langweilig, mit ihrem Handy zu spielen –, tat sie das, was sie am liebsten tut: Sie kochte.

Sie hat Pfannkuchen gebacken. Ich kann mich erinnern, dass wir einmal keine Kuhmilch finden konnten, also hat sie Sonnenblumen-milch genommen – eine Art vegane Milch.

Sie bereitete Salate zu und machte Kraut. Vor dem Krieg kochte sie einmal das ukraini-sche Nationalgericht Wareniki, das sind gefüllte Teigtaschen, die dann in Salzwasser gegart wer-den, und fror sie ein. Sie nahm diese Wareniki von zu Hause mit und wir kochten sie uns im Bombenschutzkeller.

Mama kocht auch sehr gutes Borschtsch. Das ist eine traditionelle ukrainische saure Suppe aus Brühe, Gemüse und fermentiertem Rote-Bete-Saft, der ihr ihre rote Farbe verleiht. Ganz ehrlich? Ich mag keinen Borschtsch, esse ihn nicht. Warum? Weil ich immer denke, dass ich vom Knoblauch Mundgeruch bekomme. Aber ich mag den Geruch, und mein Vater und mein Bruder lieben Borschtsch.

Ich erinnere mich, wie wir einmal meine Großmutter und ihre Schwester besucht ha-ben. Es war sehr heiß und alle Felder wahren strahlend gelb von unzähligen Sonnenblumen. Meine Großmutter ist inzwischen leider gestor-ben, aber ihre Schwester lebt noch. Sie ist am gleichen Tag geboren wie ich, am 17. Juli, sie ist auch Krebs. Sie hat uns Salo serviert, das ist in Gewürzen und Salz gereifter Rückenspeck, und hausgemachten Wein.

Durch den Krieg sieht man das Leben auf eine ganz andere Weise. All deine Probleme werden plötzlich ganz klein, wenn Krieg herrscht. Dieses einfache, aber wunderschöne Leben, in dem meine Eltern einfach mal nach draußen gehen konnten, wann immer sie wollten – mein Vater in sein Café gehen, um seinen Kaffee zu genießen, oder in den Wald fahren und dort auf Zielscheiben schießen, was für ihn wie Meditation ist ... Auch meine Mutter kann die einfachen Dinge des Lebens nicht mehr tun – sie ist wirklich eine schlaue Frau und hält unsere Familie zusammen. Sie liebt es, im Garten zu arbeiten und Gemüse zu züchten. Aber das kann sie im Moment alles nicht. Es ist schon seltsam und ich habe große Angst um beide. Am liebsten hätte ich, dass meine Mutter nach Italien kommt, um mit mir zu leben, denn ich habe das Gefühl, dass ich Menschen helfen kann. Aber ich bin mir nicht sicher, ob sie ohne meinen Vater gehen würde. Mein Vater hat eine sehr interessante Meinung zu vielen Dingen, den Krieg miteingeschlossen. Er ist 58, und manchmal haben wir nicht den allerbesten Draht zueinander.

Neben Mut und Tapferkeit ist es vielleicht der Humor, der tief berührt, da er für einen Hauch Normalität und Lebensfreude in der Tragödie spricht. So verliert die Ödnis eines Luftschutzbunkers ein wenig ihren Schrecken.

n-tv

Humor, Ruhm & schwarzer Humor

Ich mag schwarzen Humor, er hilft einem, absurde Zeiten zu überstehen.

Als ich im Bombenschutzkeller Videos für TikTok gemacht habe, habe ich gar nicht lange darüber nachgedacht, was ich schreiben sollte oder wie die Untertitel lauten könnten. Ich habe mit meinen Eltern die Nachrichten angesehen und sie auf eine Art kommentiert, die ich lustig fand. Wie eine Comedyshow über Politik.

Ich mag Witze über den Tod, über „kranke" Menschen und andere Dinge, die eigentlich gar nicht zum Lachen sind. Aber man muss wirklich aufpassen, weil es Fanatiker gibt, die einen für verrückt halten könnten. Aber mit meinen Freunden darf ich das – sie haben alle einen großartigen Sinn für Humor. Ich vermisse sie, möchte wieder gemeinsam mit ihnen Spaß haben und lachen. Sie sind meine Inspiration und unsere Nachrichten die beste Quelle für schwarzen Humor, was bleibt uns anderes übrig.

Die Menschen in der Ukraine haben sich schnell an diesen wahr gewordenen Alptraum gewöhnt.

Wenn man Ukrainer sieht, die stundenlang in einer Schlange für Essen stehen, und man geht hin, um ein Foto von ihnen zu machen, lächeln sie. Auch ich habe mich nach zwei Wochen in einem Bombenschutzkeller daran gewöhnt. Aber es ist furchtbar und man sollte sich niemals daran gewöhnen. Man sollte sich nicht an Razzien, Alarme oder Bomben gewöhnen. Das ist doch alles absurd.

Genau wie meine Videos über den Bombenschutzkeller. Es ist an sich nicht wirklich lustig, in einem Luftschutzbunker unter der Erde zu leben, einem umgebauten Büro, nicht zu wissen, was draußen vor sich geht, Sirenen und Einschläge zu hören und via App checken zu müssen, wann wieder Angriffe bevorstehen. Aber für mich war es ein TikTok-Trend, von dem ich dachte, dass er lustig sein und perfekt passen würde …, weil in unserem Bombenschutzkeller zu diesem Zeitpunkt wirklich rein gar nichts Sinn machte.

Es war so verrückt, das Video wurde ein Renner! Eine Million Aufrufe an einem Tag, in den USA und in Großbritannien ging es viral. Ich habe es auf Russisch und dann noch mal mit englischen Untertiteln gepostet und es hat mein Leben verändert.

Jeden Tag wurden es mehr und mehr Aufrufe. Aber soll ich euch etwas verraten? Ich mag das Video eigentlich überhaupt nicht, ich mag mein Gesicht darin nicht. Ich habe es nur aus Spaß gepostet, aber als es dann immer mehr Aufrufe bekam, haben sich plötzlich Nachrichtensender, Zeitungen und Magazine bei mir gemeldet.

Zuerst sagte ich bei jeder Anfrage zu. Aber dann war ich es leid, all diese Interviews einfach nur so zu führen – es wurde wie ein Job, also begann ich, um Spenden für die ukrainische Armee zu bitten.

Ich habe das alles nicht wirklich mitbekommen, was um mich herum gerade passierte, ich habe mich nicht anders gefühlt. Es ist auch schwer zu verstehen – du sitzt im Bombenschutzkeller, dein Video geht viral und du wirst bekannt. Ich glaube nicht, dass ich populär bin, aber wenn mich Leute in Italien und Polen auf offener Straße ansprechen und sagen: *Hey Valeria! Wir kennen dich*, dann realisiere ich es.

Ich möchte, dass die Menschen meine Videos ansehen, um zu verstehen, was wirklich passiert. Ich kann mehr zeigen, als es die Fernsehkanäle jemals könnten – denn die Situation ist viel schlimmer und schrecklicher, als sie es zeigen können.

Von der ukrainischen Seele, Brot und Babuschkas

Ich habe ein Paar Ohrringe in Form einer Weizenähre, die mich an meine Heimat erinnern – wegen des Brotes, das für das Land so wichtig ist.

Brot ist für uns in der Ukraine etwas ganz Besonderes – unsere Flagge steht für ein goldgelbes Weizenfeld unter einem klaren blauen Himmel. Das beliebteste Brot in der Ukraine ist das sogenannte Baton. Das Besondere daran ist, dass es sehr weich ist, mit einer leichten Süße. Es ist nicht wegzudenken und man findet es in jedem Haus, auch in dem meiner Eltern. Ich habe eine Freundin, die seit Kriegsbeginn in ihrem Dorf Brot von Hand backt. Wenn sie mir davon Bilder schickt, ist es unglaublich, ich kann das Brot förmlich riechen.

Brot ist uns wichtig, aber es ist nur ein Teil unserer Kultur. Als ich etwa zwölf oder 13 Jahre alt war, kaufte mein Vater kleine Häuser in Dörfern mit nur 30 oder 40 Einwohnern und renovierte sie. Jedes Wochenende musste ich mitfahren und es gab kein Internet. Ich habe es gehasst, meinen Eltern jedes Wochenende beim Hausputz oder bei der Gartenarbeit helfen zu müssen. Aber wenn ich mich jetzt an diese Zeit erinnere, an die Teenagerjahre, in denen ich mit alten Menschen sprach, frische Kuhmilch trank, meinen Eltern half und Kartoffeln pflanzte, dann verstehe ich, dass das typisch ukrainische „vibes" waren. Mir wird immer mehr klar, dass es diese besondere Kultur ist, die wir uns bewahren und pflegen müssen. Ich liebe diese Dörfer, in denen man Babuschkas (so nennen wir alte Frauen oder Großmütter), Deduschkas (alte Männer), Lehmhäuser und Landwirtschaften mit Kühen, Schweinen und Gänsen findet.

Die Ukraine ist so viel mehr als nur unsere Hauptstadt Kiew, die sich in eine sehr moderne Richtung entwickelt. Für mich ist die ukrainische Kultur, was vor, ich weiß nicht, 100 Jahren passiert ist – bevor ich, bevor meine Eltern geboren wurden. Deshalb habe ich eine Leidenschaft für alte ukrainische Häuser, Bücher oder traditionelle Kleidung. Die Ukraine ist für mich ein Dorf, ein Garten mit Gemüse.

Wenn ihr eines Tages die Ukraine besucht, solltet ihr zunächst zwei oder drei Tage in einem unserer Dörfer verbringen, um die Natur, die Seen und Flüsse zu erkunden – und unsere Sonnenblumenfelder sind unglaublich. In den Dörfern spricht niemand Russisch, alle sprechen Surshyk, eine Mischung aus Ukrainisch und Russisch. Sogar mein Vater sagt, dass die Menschen in den

Dörfern bleiben sollten, um sie am Leben zu erhalten. Ich weiß, dass es viele Menschen gibt, die dem Krieg entkommen sind, die weggegangen sind, aber wahrscheinlich nicht zurückkehren werden. Auch wenn sie, wie ich, das Land lieben.

Mein Leben hat mir die Möglichkeit gegeben, in einem anderen Land, in Italien, zu leben. Und ich habe hier viele besondere Menschen und eine interessante Arbeit gefunden. Aber es ist doch nur traurig, wie es dazu gekommen ist.

Ich weiß nicht, ob oder wann ich zurückkehren werde. Was ich aber weiß, ist, dass die Ukraine gewinnen wird, aber ich weiß auch nicht, wann es geschehen wird. Und dann wird die Ukraine eines der besten Reiseziele der Welt für Touristen werden. Ich glaube, dann werden viele Menschen kommen, um das Land und seine Kultur kennenzulernen.

Auf meiner Flucht nach Polen verlor ich einen dieser Ohrringe. Es gibt ein Bild auf Insta im Zug, auf dem ich noch beide habe, also war es sicher später. Ich denke, es ist passiert, als ich bei meiner Freundin im Apartment unter der Dusche stand. Jetzt trage ich den einen die ganze Zeit, er erinnert mich an das Brot, das wir zu Hause hatten. Und an das Land, das ich verlassen musste.

★ АРМИЯ РОССИИ

ИНДИВИДУАЛЬНЫЙ
РАЦИОН
ПИТАНИЯ

НЕ ДЛЯ ПРОДАЖИ!

Das Foto meiner Freundin Lena

Als ich 16 Jahre alt war, besuchte ich das Konzentrationslager Auschwitz in Polen, wo die Nazis 1,5 Millionen unschuldige Säuglinge, Kinder, Mütter, Väter und Großeltern folterten, schlugen, erschossen, vergasten oder verhungern ließen. Die Nazis waren abscheuliche Mörder, blutrünstige Bestien, der Abschaum der Menschheit.

Ich hatte gesehen, welch schreckliche Dinge sich Menschen gegenseitig antun können, aber ich hätte niemals gedacht, dass dies meinen Freunden, meiner Familie passieren würde.

Am selben Tag, an dem ich mein TikTok-Posting über mein Leben im Bombenschutzkeller veröffentlichte, schickte mir meine Freundin Lena ein Bild von einer Schachtel voller Essen, die die russischen Soldaten mitgebracht hatten.

Lena ist eine sehr gute Freundin aus Tschernihiw, sie hatte das Foto von ihrer Mutter bekommen, ihre Eltern leben in Alexandrowka, einem Vorort von Tschernihiw.

Alexandrowka wurde von russischen Soldaten eingenommen und besetzt. Russische Soldaten klopften an die Tür von Lenas Elternhaus und drohten ihnen: *Wir wollen in eurem Haus duschen und essen, und wenn ihr uns nicht lasst, dann werden wir euch töten.*

Was blieb ihnen schon anderes übrig, sie ließen sie rein.

Dort, wo Lenas Eltern leben, machten die russischen Soldaten, was sie wollten, sie besetzten einfach die Häuer und Lenas Eltern hatten solche Angst, dass sie in den Bombenschutzkeller gingen, als die Soldaten im Haus waren. Sie wollten nur noch weg, raus und fliehen. Sie mussten die Soldaten zwei Mal fragen, ob sie weglaufen durften, und erst beim zweiten Mal ließen sie es zu.

Lena ist nach Israel. Viele von uns mussten das Land verlassen, einige Freund:innen von mir sind jetzt in Deutschland, eine in der Tschechischen Republik, ein anderer hier in Italien, aber in einem anderen Teil des Landes. Mein bester Freund Dima ist in der Ukraine geblieben – er könnte auch gar nicht fliehen, weil er 21 ist und das Land nicht verlassen darf.

Wir alle sind weiterhin in Kontakt und unterhalten uns und diskutieren fast jeden Tag. Und an manchen Tagen frühstücken Dima und ich gemeinsam über Facetime.

Ich mache mir große Sorgen.

Ich möchte helfen und versuchen, die Situationen zu verbessern. Deswegen arbeite ich auch mit einer Freiwilligenorganisation namens Palyanytsia (www.dopomoga.cn.ua) in meiner Heimatstadt Tschernihiw zusammen. Wir tun alles, was wir können.

Die Ukraine wird gewinnen, aber wie viele Soldaten und Menschen werden dafür ihr Leben lassen müssen?

Wie viele, wie Lenas Eltern, aus ihren Häusern vertrieben werden? Wie viele gezwungen werden, in andere Länder zu fliehen?

Bitte, Russland. STOPP.

Maksim

Neulich habe ich meinen Bruder angerufen, der jetzt mit seiner Frau und seiner Tochter in Deutschland lebt. Es war der 27. März. Ich wollte nur wissen, wie es ihm geht. Er sagte: *Die Wahrheit? Nicht gut. Hat Papa dich nicht angerufen? Maksim ist tot und Jura liegt im Krankenhaus. Eine Bombe hat ihr Haus getroffen.* Jura ist mein Onkel, der Bruder meiner Mutter und Vater meines Cousins Maksim. Mein Bruder erzählte mir, dass Maksim von einer russischen Bombe getötet worden war und Jura im Krankenhaus lag und sein Bein amputiert werden musste. Maksim, mein Cousin, war gerade 18 Jahre alt, und als mein Bruder es mir erzählte, überkam eine tiefe Leere meine Seele. Es ist furchtbar.

Am 27. März ist ein geliebter Mensch, Maksim, gestorben. Ein Cousin wie ein Bruder.

Er war der freundlichste Mensch der Welt und eine Frohnatur. Es ist unfassbar, dass der junge Körper eines 18-Jährigen jetzt unter der Erde liegt, weil eine Bombe das Haus getroffen hat, in dem er mit seinem Vater war, um seinen Hund zu füttern. Und Jura überlebte, musste aber zusehen, wie sein Sohn starb. Meine Mutter liebte ihren Neffen. Sie sah ihn öfter als mich, als ich in Kiew lebte, und erzählte mir oft, dass er ihr im Garten oder im Haus geholfen hatte und dass er so ein guter Junge war. Diese Tragödien und die Erinnerung an Tschernihiw, wie es früher einmal war, begleiten mich jeden Tag. Aber ich bin ein Mensch, der immer an sich glaubt, und ich versuche immer, sehr stark zu sein.

Das Leben wird nie mehr so sein wie früher – wir werden nie wieder Neujahr oder Ostern gemeinsam feiern. Ich werde ihn nie mehr im Garten meiner Mutter sehen, er wird mir nie mehr schreiben oder anrufen, er wird meine Mutter nie mehr fragen: *Wann kommt Valeria aus Kiew, um uns in Tschernihiw zu besuchen?*

Ich brauchte zwei Wochen, um mich darauf vorzubereiten, Maksims Vater anzurufen und zu fragen, wie es ihm geht. Es war das schwierigste Telefonat meines Lebens. Er ist immer noch im Krankenhaus. Als ich anrief, sollte er zwei Tage später operiert werden. Er war im Krieg in Afghanistan gewesen. Er hat dem Tod viele Male ins Auge gesehen, aber als ich anrief, weinte und weinte er. Es war so schwer, diesen wirklich starken Mann zu hören, als er mir erzählte, was passiert war. Er erzählte mir, wie er geschrien hat: *Maksim, Maksim!*, und er nicht mehr antwortete. In diesem Moment begriff ein Vater, dass sein Sohn tot war. Als ich mit meinem Onkel sprach, empfand ich die gleichen Gefühle wie in dem Moment, als ich die Nachricht zum ersten Mal hörte. Und Jura wird dieses Gefühl jeden Tag seines Lebens haben. Es wird nie wieder dasselbe sein.

Der Krieg ist fast zu einem Lebensstil geworden, die Menschen haben sich bereits daran gewöhnt. Und einige Leute verdienen damit Geld. Millionen, Milliarden sind in die Ukraine geflossen, aber ich lese immer noch jeden Tag, dass Menschen um Geld bitten, um Schutzwesten oder Medikamente zu kaufen. Wo ist das Geld? Bitte prüft, wohin ihr euer Geld schickt – ist es für wohltätige Zwecke bestimmt oder wird es gestohlen?

Alle sagen, die Ukraine sei ein starkes Land und unbesiegbar. Sie sagen, wir werden überleben. Aber warum zum Teufel sollten wir „überleben", um unsere Freiheit zu verteidigen? Warum sollen Menschen sterben, warum musste Maksim sterben, für einen Krieg, der keine Lösung bringt? Niemand weiß, was nach dem Krieg kommt oder wann er zu Ende sein wird. Niemand weiß es. Ich verdamme Russland nicht, ich hasse das russische Volk nicht, Putin ist mir egal, ich will nur, dass alles ein Ende hat. Und ich wünsche mir, dass mein Cousin wieder aufwacht – dass ich ihn wiedersehen kann.

Meine Botschaft an die Welt

Eines Tages werde ich nach Tschernihiw zurückkehren, aber es wird nie wieder dasselbe sein. Es wird Jahre dauern, bis das Leben dort wieder floriert. Nicht die Gebäude, die lassen sich sehr leicht wiederherstellen, aber Leben kann man nicht wiederaufbauen.

Der Krieg ist absurd, er ist surreal, und der Tod passiert genau jetzt, und niemand kann daran etwas ändern. Die Menschen wissen vielleicht, dass irgendwo Krieg herrscht, aber wenige verstehen ihn so gut wie ich – denn ich bin Ukrainerin, und ich fühle ihn. Ich hoffe, dass kein Land, auch nicht mein eigenes, dies in Zukunft noch mal durchmachen muss. Es ist merkwürdig, dass sich die Geschichte wiederholt. Die Geschichte sollte doch vorwärts gehen.

Ich möchte, dass Russland und das russische Volk endlich aufwachen. Die Russen sollten doch in der Lage sein, die Dinge in ihrem Land zu ändern. Aber wenn ich mir die russischen Influencer auf Instagram ansehe, die in meinem Alter sind, dann lügen sie über den Krieg. Und das sind Millennials und Gen Z. Ja, ich glaube, es gibt Menschen, die sich ändern können. Die sich ändern müssen und nicht über den Krieg lügen *sollten.*

Dieser Krieg ist nicht nur Putins Krieg. Er betrifft auch das russische Volk, das nicht begreift, was vor sich geht, oder sich zu wenig darum kümmert. Das russische Volk kann helfen, ihn zu beenden, und es sollte aufhören zu schweigen. Aber leider glauben sie nicht, dass russische Soldaten Frauen und Kinder misshandeln, vergewaltigen und töten.

In Tschernihiw sind seit Beginn des Krieges über 700 Menschen getötet worden. Der Friedhof unserer Stadt wurde bombardiert, sodass wir die Menschen jetzt im Wald begraben müssen. Wir haben nicht einmal mehr einen normalen Ort, um Menschen zu begraben. Auch Maksim liegt dort, auf dem Waldfriedhof.

Die Menschen müssen verstehen, dass ich jeden Tag aufwache und darüber nachdenken muss, was mit meinem Maksim passiert ist, was mit meinen Eltern, mit meinem Land passiert. Wenn ich mit meinen Freunden spreche, wenn ich Musik höre, kann ich an andere Dinge den-

ken und kurz abschalten, aber dann erinnere
ich mich wieder an das, was in der Ukraine passiert, an die getöteten Menschen und die zerstörten Gebäude. Und ich werde es nie vergessen, es wird immer Teil meines Lebens sein.

Kurz gesagt?

Sei mutig wie die Ukraine
Ich hoffe, ihr kommt in den Genuss von
leckerem Borschtsch – wie ihn meine Mutter
macht
Link in Bio 🇺🇦
всех цьом-бом!

@VALERISSSH (VALERIA SHASHENOK)

wurde 2002 in Tschernihiw geboren, einer Stadt nördlich von Kiew im Norden der Ukraine, wo ihre Eltern heute noch leben. Vor dem Krieg ging sie ihrer Leidenschaft als freiberufliche Fotografin nach. Inzwischen hat eines ihrer Videos mehr als 50 Mio. TikTok-Views – ihre Videos und ihre Botschaften gehen um die ganze Welt.

Als die Angriffe auf die Ukraine am 24. Februar 2022 begannen, dokumentierte sie die erschütternden Ereignisse, die der Krieg mit sich bringt, auf ihrem TikTok- und Instagram-Account. Mit Bildern brutaler Verwüstung, ironischen Kommentaren und einer sehr persönlichen Perspektive erreicht ihre Arbeit Millionen Menschen. Sie mag schwarzen Humor sehr; er hilft ihr, diese absurden Zeiten zu überstehen.

Ihre Geschichten berichten über ihre Stadt, ihre Freund:innen, ihre Eltern und den Hund, die mit ihr in einem Behelfsbunker gefangen waren, ihre ganze Familie und über all das, was Krieg tagtäglich bedeutet. Sie sagt: *Ich erinnere mich genau an den Geruch, als wir den Bahnhof erreichten. Es roch nach Menschen, nach Essen und nach Unglück. Es ist schwer, das alles zu beschreiben, es war einfach nur furchtbar.*

Valeria Shashenok floh mit dem Zug nach Polen, dann mit dem Bus nach Berlin und schließlich nach Italien, wo sie jetzt als Kriegsflüchtling lebt. Wichtig ist ihr, dass jeder davon erfährt, was ihr passiert ist: *Denn dieser Krieg ist für mich schreckliche Realität geworden. Er ist absurd, er ist surreal, und der Tod passiert genau jetzt, und niemand kann daran etwas ändern.*

Platz für deine persönliche Map of Dreams

Platz für deine persönliche Map of Dreams

Hey, hat dir das Buch gefallen – willst
du auch eines schreiben?

www.story.one